Stories of Great People
그레이트 피플

윤이상의 몽당연필

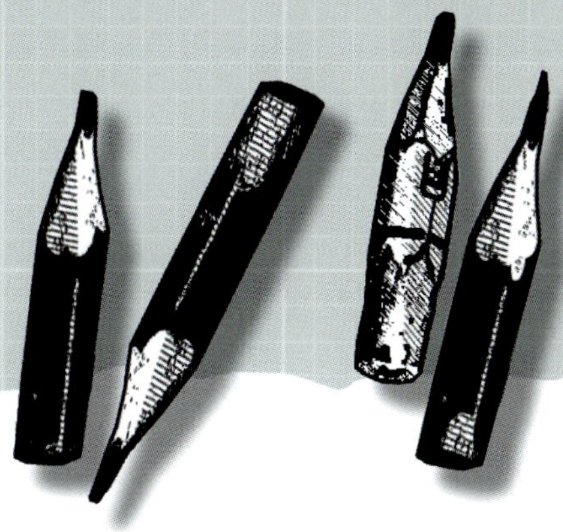

글 안성훈 | 그림 이지후

밝은미래

글 안성훈

대학에서 기계공학과 문예창작을 공부하고, 어린이책에 글을 씁니다.
《거꾸로 세계》로 웅진주니어문학상 장편부문 대상을 받았습니다. 쓰고 그린 책으로 《헝클이와 블록월드》가 있고,
쓴 책으로 《삼국유사 이야기 편》, 《신호등을 작동시키는 내 맘대로 코딩》 등이 있습니다.

그림 이지후

중앙대학교 서양화과를 졸업했습니다. 현재 회화 작업을 하며 프리랜서 일러스트레이터로 활동하고 있습니다.
그린 책으로는 《세상을 뒤흔든 위인들의 좋은 습관》, 《게으름뱅이 탈출 학교》, 《나를 바꾼 그때 그 한마디》,
《에디슨과 발명 천재들》, 《일기가 나를 키웠어요》, 《정정당당 공룡축구》, 《삼각형으로 스피드를 구해줘!》 등이
있으며, 그레이트 피플 시리즈에 그림을 그리고 있습니다.

그레이트 피플
윤이상의 몽당연필

초판 1쇄 발행 2019년 12월 9일
펴낸이 도승철 | **펴낸곳** 밝은미래 | **등록** 2005년 5월 2일 (제105-14-87935호) | **주소** 경기도 파주시 회동길 455-2 4층
전화 031-955-9550~3 | **팩스** 031-955-9555 | **홈페이지** http://www.bmirae.com
편집 송재우, 고지숙 | **디자인** 문고은, 강소리 | **마케팅** 김경훈 | **경영지원** 강정희
표지 및 본문 디자인 뭉클 | **진행** 이상희
ISBN 978-89-6546-350-4 74990 | 978-89-6546-090-9(세트)
ⓒ 2019 밝은미래

이 책에 사용된 사진은 저작권자에게 허락을 받아 게재했습니다.
저작권자와 초상권자를 찾지 못한 사진은 확인되는 대로 연락 드리겠습니다.

사진 제공 : 경남일보 / 경향신문 / 통영국제음악재단 / Bundesarchiv, B 145 Bild-F004566-0002_Unterberg, Rolf(위키피디아) /
Derek Gleeson(위키피디아) / Jerome Kohl(위키피디아) / Mondfreund(위키피디아) / Polybert49(플리커) / TheAtlantaOpera(위키피디아)

 차례

황학동 만물상	10
윤이상	13
윤이상이 처음 들은 풍금 소리	14
일제 강점기	17
일제 강점기의 문화생활	19
한국에 들어온 서양 음악	21
아이들에게 음악 교과서를	22
클래식의 세계	26
현대 음악의 세계	27
다름슈타트 국제 현대 음악제	29
사신도와 간첩단 사건	31
세계적인 작곡가로 발돋움하다	33
세계에 알려진 <심청>	35
화합과 평화를 위한 노력	37
운명을 뛰어넘은 세계적인 음악가	40
어휘 사전	41
한눈에 보는 인물 연표	44

＊표시가 된 어휘는 '어휘 사전'에서 자세한 설명을 읽을 수 있습니다.

만물상 할아버지

황학동 만물상 주인이다. 초등학교 교장 선생님이었으나, 은퇴한 후 황학동에 만물상을 열었다. 없는 것 빼놓고 다 있다는 만물상에는 신기한 물건이 가득하다.

수지

아홉 살 여자아이. 오래된 물건을 수집하는 것이 취미이다. 선우의 단짝 친구이자 황학동 만물상의 단골손님으로, 만물상에 새로 들어오는 물건에 대해 가장 먼저 알고 싶어한다.

선우

만물상 할아버지의 손자이다. 단짝 친구인 수지와 티격태격하지만 언제나 유쾌하고 명랑하다. 만물상의 물건에 얽힌 이야기를 들을 때 가장 눈이 반짝거린다.

나원준
절대 음감의 소유자로, 한때는 가요 프로그램에서 1위에 오르며 화려한 인기를 누린 가수였다. 지금은 황학동에서 중고 기타 상점을 운영한다.

주차 단속 할머니
다른 사람의 일에 관심이 많으며 말참견을 잘한다. 남의 일에 자주 간섭을 하고 툴툴거리기는 하지만, 잔정이 많다.

박남훈 선생님
동물 보호 운동가이자 동물 병원 원장이다. 대학생 때부터 세계 각국을 두루 여행하면서 동물 보호 운동에 앞장서 왔다.

황학동 만물시장에는 없는 게 없다. 두 눈을 크게 뜨고 시장 곳곳을 돌아다니면 시간과 공간을 거슬러 온 멋진 물건들과 만나게 된다.

주방 거리에는 옛날 시골에서 쓰던 돌절구부터 오래된 냄비까지 여러 가지 주방 용품이 그득하다.

가구 거리에는 신발장과 책꽂이를 합쳐 놓은 희한한 모양의 책장, 가구 들이 주인을 기다린다.

중고 가전제품 가게는 마치 전자 제품 박물관 같다. 에디슨이 발명한 축음기와 백열전등부터 디지털카메라, 노트북, 스마트폰 등 최신 유행하는 제품까지 모두 있다. 가끔 중고 악기점에서는 악기점 주인이 바이올린으로 연주하는 아름다운 음악 소리가 들려올 때도 있다. 이 악기점에는 기타나 하모니카, 아프리카 원주민이 썼던 타악기까지 없는 악기가 없다.

황학동 거리 곳곳에 있는 노점에서는 인디언 추장의 동상, 중세의 갑옷과 칼, 구리로 만든 희한한 장식품뿐만 아니라 어디에 쓰이는지 알 수 없는 신기하고도 괴상한 물건들도 많이 판다.

이 황학동 만물시장 깊숙한 곳에 '황학동 만물상'이라는 가게가 있는데, 문 앞에는 '없는 것 빼고 다 있어요.'라는 문구가 쓰여 있다.

황학동 만물상의 주인은 선우네 할아버지다. 초등학교 교장 선생님이었던 할아버지는 퇴직 후 평소에 즐겨 찾던 황학동에 만물상을 열었다. 평소에 쉽게 볼 수 없는 갖가지 물건들이 모여 있는 황학동 만물상은 황학동 만물시장의 축소판이다.

선우는 단짝 친구 수지와 함께 자주 할아버지의 만물상을 찾는다. 선우와 수지는 할아버지의 만물상에 혹시 새로운 물건이 들어오지는 않았는지 궁금해서 거의 매일 학교가 끝나는 길에 할아버지 가게에 들른다.

햇볕이 여유로운 오후, 만물상 할아버지는 가게 앞에서 돋보기를 쓴 채 책을 읽으며 아이들을 기다린다.

한적한 오후, 황학동 거리에 깔깔거리는 아이들 웃음소리가 울려 퍼졌다. 선우와 수지였다. 두 아이는 새처럼 종알거리며 만물상 안으로 들어섰다. 선우는 가게 청소를 하고 있던 할아버지에게 다가갔다.

"할아버지, 저 어때요?"

선우의 물음에 할아버지는 뒤를 돌아보았다. 예쁘게 화장을 한 선우를 보고 순간 깜짝 놀랐지만 이내 씩 웃었다.

"며칠 전부터 학교에서 심청전 연극 준비한다고 하더니, 선우 네가 심청 역할을 맡은 모양이로구나."

할아버지가 말했다.

"선우는 심청전 용왕 역할을 맡았는데 저희 팀이 인기 최고였어요! 인터넷에서 찾은 영상을 보면서 매일 두 시간씩 열심히 연습한 보람이 있었어요."

수지가 웃으며 말했다.

"준비하기 쉽지 않았을 텐데 멋지구나!"

할아버지의 칭찬에 두 아이의 어깨가 으쓱 올라갔다. 선우는 뭔가 생각났다는 듯 이렇게 말했다.

"진짜 신기한 게, 외국 사람들도 심청을 알더라고요! 영어 댓글이 엄청 많이 달린 영상도 있었어요."

"할아버지, 외국 초등학교 교과서에도 심청전이 나와요?"

수지의 물음에 할아버지가 허허 웃었다.

"그건 할아버지도 잘 모르겠구나.

하지만 서양 사람들에게 심청을 가장 감명 깊게 알린 사람이 누군지는 알지."

"그 사람이 누구인데요? 어떻게 알렸어요?"

수지가 물었다.

"1972년에 열린 독일 뮌헨 올림픽 개막식 무대에 오페라 〈심청〉 공연이 올랐단다. 올림픽은 세계인들의 축제니까 세상 사람들 대부분이 봤다고 해도 과언이 아니겠지?"

"우리나라 올림픽도 아니고 독일 올림픽에서 〈심청〉을 공연했다고요?"

"대체 누가 〈심청〉을 오페라로 만든 거예요?"

선우와 수지가 연달아 물었다.

할아버지는 대답 대신 서랍에서 몽당연필을 꺼내 아이들에게 보여 주었다.

"윤이상이라는 작곡가가 만들었단다. 이 연필로 위대한 음악을 만들어 세계적인 작곡가가 되었지."

선우는 연필을 자세히 바라보며 물었다.

"이게 윤이상 작곡가가 쓰던 연필이에요?"

"그래. 이건 윤이상이 감옥에서 〈나비의 미망인*〉이라는 오페라를 작곡할 때 쓰던 독일제 연필이야."

"세계적인 작곡가가 어쩌다 감옥에 갇혔어요?"

수지가 할아버지에게 물었다.

"작곡가 윤이상의 이야기가 궁금하니?"

"네, 궁금해요."

두 아이가 일제히 대답했다.

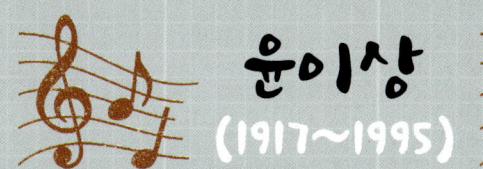

윤이상
(1917~1995)

▲ 세계적인 현대 음악 작곡가, 윤이상

윤이상은 경상남도 산청군 덕산면의 양반 집안에서 태어났단다. 네 살 때부터 바다와 산이 어우러진 통영에서 살았던 윤이상은 세상의 다양한 소리에 관심이 많았고 노래와 음악을 좋아했어.

일제 강점기와 전쟁, 남북 분단으로 혼란스러운 시대를 살면서도 음악가가 되겠다는 열망을 이루기 위해 일본과 프랑스, 독일에서 작곡 공부를 했지.

그런 노력 덕분에 윤이상은 150여 곡을 만들어 현대 음악 역사에 길이 남을 세계적인 작곡가가 되었단다. 누명을 쓰고 억울하게 감옥에 갇히기도 했지만 윤이상은 음악에 대한 열정과 삶에 대한 희망을 끝까지 놓지 않았어.

이후로도 평생 서양 악기로 동양의 아름다움을 표현한 멋진 작품들을 통해 세계 평화와 화합의 메시지를 전했단다.

윤이상이 처음 들은 풍금 소리

지금은 쉽게 볼 수 없는 악기이지만 우리 할아버지, 할머니와 부모님 때에는 교실에서 풍금 반주와 함께 노래를 부르고 음악 공부를 했단다.

풍금은 바람 풍(風)과 거문고 금(琴) 자가 합쳐진 말이야. 페달을 밟아 바람을 넣으면서 건반을 누르면 소리가 나는 악기란다.

풍금은 서양에서 온 악기야. 외국 선교사들이 우리나라에 기독교를 전파하기 위해 1800년대 말에 들어오면서 풍금도 함께 들어왔단다. 이때만 해도 주로 교회에서 노래를 할 때 반주를 하는 악기였지.

그러다가 1910년 이후부터는 교회뿐 아니라 각 학교에서 음악 공부 할 때 사용되었단다. 1990년대 중반부터는 전자 오르간으로 교체되기 시작해 지금은 풍금을 사용하는 사람이 거의 없지.

▲ 풍금으로 수업을 하던 교실의 모습이란다.

그때 선우가 입에 손을 갖다 대며 말했다.

"쉿. 어디서 새소리가 들려!"

수지는 선우 말에 조용히 귀를 기울였다.

"아무 소리도 안 들리는데?"

"눈을 감아 봐. 잘 들릴걸?"

선우가 눈을 감고 말했다. 수지도 눈을 감았다. 그러자 짹짹 하는 소리가 들렸다.

"오전에 작은 새 한 마리가 만물상 안에 들어왔는데, 여태 안 나가고 어딘가 숨어 있는 모양이구나."

할아버지가 말했다.

"선우처럼 윤이상도 물과 바람, 새나 개구리 같은 자연의 소리에 귀를 기울이며 음악적 감수성을 키워 갔단다. 윤이상이 어렸을 때는 요즘처럼 음악을 쉽게 접할 수가 없었거든."

"학교에서 음악을 안 배웠어요?"

"처음엔 서당에 다녔거든. 그러다가 여덟 살에 보통학교*에 갔는데, 거기에서 풍금이란 악기를 난생처음 보았지."

할아버지는 만물상 한구석에 놓인 풍금으로 다가가 뚜껑을 펼쳤다. 선우가 아는 척을 했다.

"아아, 피아노 말이죠?"

"풍금은 피아노와는 좀 다르단다. 건반을 그냥 누르면 아무 소리도 나오지 않지."

"페달을 밟아야 소리가 나오잖아요."

수지가 말했다.

"그래, 맞다. 윤이상은 선생님이 풍금 연주하는 소리를 듣고 처음으로 서양 음악의 매력에 빠졌단다."

할아버지가 페달을 밟으며 건반 몇 개를 눌렀다. 풍금 소리가 만물상 안에 울려 퍼졌다.

"동양의 악기와 달리 서양 악기는 이렇게 여러 소리를 겹쳐서 예쁜 화음을 만들 수 있거든."

할아버지가 말했다.

"아하! 윤이상은 풍금을 배우면서 음악을 시작한 거예요?"

선우가 물었다.

"아니, 윤이상은 크고 무거운 풍금 대신 바이올린 연주에 푹 빠졌단다. 이웃에 사는 대학생 형으로부터 바이올린을 배우기 시작했거든. 이웃 형은 음악을 전문으로 공부한 사람은 아니었지만, 일본에 유학을 갔다가 바이올린을 배워 와서 제법 잘 켤 줄 알았지."

할아버지의 설명에 선우가 눈을 크게 뜨고 말했다.

"일제 강점기에 바이올린이라니 정말 대단해요. 엄청 힘든 상황이었잖아요."

그때 주차 단속 할머니가 만물상 안으로 들어왔다.

"오늘은 또 무슨 이야기에 그렇게 푹 빠져 있나?"

할아버지와 아이들은 주차 단속 할머니를 반갑게 맞았다.

"작곡가 윤이상에 대해 듣고 있었어요. 일제 강점기에 바이올린을 배웠다는 게 놀라워서요. 할머니도 혹시 윤이상 작곡가를 아세요?"

수지가 묻자 주차 단속 할머니가 말했다.

"독일 가서 성공한 작곡가 말이지? 어렸을 때 어머니가 종종 이야기해 주시곤 했지. 우리 어머니가 윤이상과 같은 통영 출신이셨거든."

"주차 단속 여사님의 어머님은 윤이상과 비슷한 시대에 자라셨겠네요."

할아버지의 말에 주차 단속 할머니가 고개를 끄덕이며 말했다.

"맞아요. 정말 살기 힘든 시대였대요. 하루하루 먹고 사는 문제가 발등에 떨어진 불이었대요."

"어디 그뿐인가요. 일본에게 나라를 빼앗기고 지배를 받고 있었으니 얼마나 괴롭고 서러웠겠어요."

할아버지가 말했다.

"그 험한 때에도 윤이상은 민족의식이 투철했어요. 윤이상이 보통학교 다닐 때 사람들은 일제가 금지한 우리나라 역사책을 몰래 돌려 보곤 했는데, 그 책을 아이들이 전달했대요. 의심을 덜 사니까요. 윤이상도 책 심부름을 하면서 우리나라 역사책을 읽게 되었는데, 그러면서 민족의식이 자란 거죠."

할머니가 말했다.

"들으면 들을수록 윤이상은 참 놀라워요. 역사의식도 있고 음악도 잘하고."

수지가 말했다.

 # 일제 강점기

일제 강점기란 1910년부터 1945년까지 우리나라가 일제(일본 제국)의 지배를 받았던 시기를 말해. 일제는 35년 동안 우리나라에 강제로 조선 총독부를 세워 식량과 자원을 수탈하고 국민들의 자유를 빼앗았어.

무단 통치 시기(1910년~1919년)

윤이상이 태어났을 무렵에는 일제가 우리나라 문화를 마구잡이로 짓밟았어. 신문과 책을 발행하지 못하게 하고 서당을 없애 버렸지. 그렇지만 일제의 예상과 달리 우리나라의 독립운동은 점점 더 거세졌어. 1919년 전국 각지에서 일어난 3·1 운동으로 두려움을 느낀 일제는 강압적인 통치 방식을 포기하게 되었지.

▲ 무단 통치 시기 학교에는 칼을 든 일본인 교사가 있었어.

문화 통치 시기(1919년~1931년)

어린 윤이상이 통영에서 살게 되었을 무렵 3·1 운동이 일어났어. 이후 국제 사회는 일제를 아주 나쁘게 보기 시작했어. 일제는 강압적인 통치 방식을 바꾸었지. 신문과 책 발행을 허락해 주는 등 우리나라 국민에게 어느 정도 자유를 주었어. 그러나 겉으로만 자유를 주는 척했을 뿐 일제는 더 교묘하게 우리나라 국민을 지배하려 했어. 친일파를 곳곳에 투입해 사람들을 혼란에 빠지게 했고 신문에 안 좋은 내용이 실리면 삭제하도록 했지. 이 시기에 윤이상은 서당과 보통학교를 다녔단다.

민족 말살 통치 시기(1931년~1945년)

1931년 일제는 중국을 상대로 전쟁을 일으켰어. 전쟁에 필요한 모든 식량과 돈을 우리나라에서 빼앗아 사용했지. 이름을 일본식으로 바꾸도록 강요하고 한글과 역사를 공부하지 못하도록 했어. 이 시기에 윤이상은 일본에 가서 공부를 하다가 귀국해서 독립운동을 했단다. 윤이상처럼 우리나라 국민은 끝까지 항거했고 결국 1945년 8월 15일 광복을 이루었지.

▲ 일제가 수탈해 가기 위해 군산항에 쌓아 둔 쌀더미야.

"어쩌면 시대 상황이 그렇게 어려웠기 때문에 음악에 더 깊이 빠져들었는지도 모르지."

할아버지 말에 주차 단속 할머니가 고개를 끄덕거렸다.

"맞아요. 우리 어머니 말씀이 판소리를 듣고 있으면 온갖 시름을 다 잊게 된다는 거야. 나도 이만큼 나이를 먹으니까 어머니 말씀이 뭔지 알 것 같다니까요."

"윤이상도 어린 시절에 판소리에 흠뻑 빠졌었답니다. 명창* 이화중선이 통영에 와서 공연을 하고 간 날 한참 동안 공연장을 떠나지 못했다고 해요. 그때 받은 감동을 고이 간직했기에 훗날 아름다운 음악을 만들 수 있었을 거예요."

할아버지가 말했다. 그러자 선우가 맞장구쳤다.

"저도 숙제 하다가 지겨울 때는 만화 주제가를 불러요. 그럼 다시 힘이 불끈 나더라고요."

"당시에는 음악 공부 하기가 힘들었을 거야. 나라 상황도 어려웠지만, 음악 공부 하는 걸 윤이상 집안에서 반대했거든."

할머니가 웃으면서 말했다.

"가족들이 응원해 준 게 아니었어요?"

수지가 묻자 할아버지가 고개를 저으며 대답했다.

"윤이상의 집안은 양반 가문이기는 했지만 가난했어. 윤이상의 아버지는 윤이상이 상업 학교*에 가서 집안에 보탬이 되길 바랐단다."

"워낙 먹고 살기 힘들었으니 그게 당연했겠죠."

할머니가 덧붙였다.

할아버지는 이야기를 계속했다.

"이웃집 학생에게 바이올린을 배우긴 했지만 윤이상은 그걸로 성이 안 찼어. 본격적으로 바이올린을 배우게 해 달라고 하도 조르니까 아버지가 윤이상을 데리고 통영에서 바이올린 연주를 가장 잘한다는 사람에게 데려갔단다."

"우아, 정말요? 그래서요?"

두 아이가 동시에 물었다.

"그 사람이 윤이상의 바이올린 연주를 들어 본 뒤 이 실력으로 음악가가 되기는 글렀다고 했지. 아버지는 결국 윤이상의 바이올린을 부숴 버렸단다."

일제 강점기의 문화생활

일제 강점기에는 전국적으로 판소리가 유행했어. 판소리를 공연하는 공연장이 생겼고, 명창들이 판소리 실력을 겨루는 '팔도명창대회'라는 행사가 열리기도 했지. 1927년에 경성방송국이 개국하면서 판소리는 라디오를 통해 더욱 큰 인기를 얻었단다.

판소리의 세 주인공

판소리 공연에는 세 주인공이 있어. 소리꾼은 부채를 들고 노래와 말, 연기로 이야기를 전하는 사람이야. 고수는 갓을 쓰고 앉아 북을 치는 사람인데, 소리꾼의 장단을 맞춰 주거나 '얼쑤!', '잘한다!'와 같은 추임새를 넣어 주지. 일반적인 음악 공연과 달리 판소리에서는 청중 또한 중요한 요소야. 청중도 소리꾼의 소리에 맞춰 추임새를 넣어 주거든.

판소리로 전국을 울린 이화중선

이화중선은 일제 강점기에 전국적으로 유명했던 판소리 소리꾼이야. 서러움이 깃든 고운 목소리로 사람들의 힘든 마음을 위로해 주었지. 음반을 100장도 넘게 내고 우리나라 방방곡곡은 물론 일본에 공연을 다닐 정도로 인기가 많았단다.

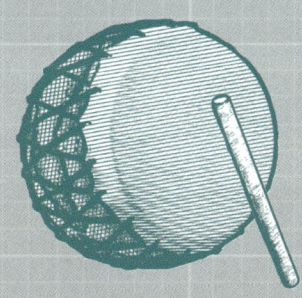

◀ 판소리 명창으로 인기가 높았던 이화중선의 모습이야.

무성 영화와 클래식 음악

일제 강점기 우리나라에 영화관이 생기기 시작했어. 당시에는 음악이나 대사와 같은 소리가 포함돼 있지 않은 무성 영화*만 있었지. 대신 영화 중간 중간에 쉬는 시간이 있어서 그때마다 연주자들이 나와서 간단하게 클래식 음악을 연주해 주었대.

▲ 일제 강점기의 영화관이었던 명치좌 모습이야. 현재는 명동예술극장으로 운영되고 있어.

선우는 깜짝 놀라 할아버지에게 물었다.
"그래서 윤이상은 어떻게 했어요?"
"아버지 뜻대로 바이올린을 그만두었지만 음악에 대한 열정은 더 커져만 갔어. 그래서 무작정 서울로 가 서양 음악을 알려 줄 사람을 찾아다녔단다."
할머니가 이어서 말했다.
"스무 살도 안 된 나이에 용감하기도 하지. 윤이상은 방송국 음악 감독으로 일하던 최호영이라는 사람을 찾아가 제자가 되게 해 달라고 사정했다죠. 낮에는 점원으로 일하고 밤이면 최호영을 찾아가 음악 공부를 했대요. 몇 달도 아니고 무려 2년 동안이나."
"우아! 정말 열정이 대단했네요."
수지가 입을 떡 벌리며 감탄했다.
"2년 뒤 윤이상은 통영으로 돌아왔단다. 계속 그렇게 지내면 연을 끊겠단 아버지의 편지를 받았거든."
할아버지가 말했다.
"얼마나 속이 상했을까요! 하지만 아버지의 마음도 이해가 돼요. 그 시절에는 보통 집안의 장남이 가족들을 책임져야 했으니 말이죠. 상업 학교를 나오면 관공서나 은행에 취직할 수 있었잖아요."
할머니 말에 선우가 물었다.
"그래서 윤이상은 상업 학교에 입학했어요?"
할아버지는 고개를 저었다.
"통영으로 돌아와 아버지에게 오사카 상업 학교에 입학하겠다고 약속을 드린 뒤 열아홉 살에 일본으로 떠났어. 그 뒤에 어떻게 했을 것 같니?"
"어쩐지 일본에서도 음악 공부를 했을 것 같아요."
수지의 말에 할아버지가 미소 지으며 대답했다.
"정답이다. 오사카에서 상업 학교에 입학한 다음, 음악학교에도 입학해서 2년간 공부했지. 윤이상은 아르바이트를 해서 산 첼로를 목숨처럼 여겼어."
"아이고, 이런. 내 정신 좀 봐. 잠깐 쉰다는 게 시간이 이렇게 됐네. 전 이제 가 봐야겠어요."
주차 단속 할머니는 인사를 한 뒤 밖으로 나갔다.

 # 한국에 들어온 서양 음악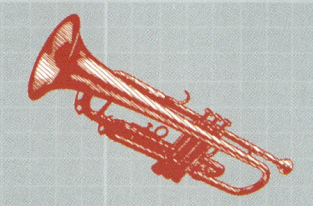

최초의 군악대

우리나라에 서양 음악이 본격적으로 들어오게 된 것은 독일인 작곡가이자 지휘자인 프란츠 에케르트를 통해서였어. 그는 우리나라에 서양 음악이 자리 잡도록 큰 도움을 주었단다. 에케르트는 일본 군악대*에 서양 음악을 전수하고 독일로 돌아갔는데, 고종 황제가 그를 우리나라로 다시 초청했어. 1901년 대한 제국*에 도착한 에케르트는 군악대를 만들어 다양한 서양 악기들을 가르쳤어. 70여 명에 가까운 연주자들이 에케르트로부터 악기를 배웠지. 매주 종로 파고다 공원에서 연주회를 열었다고 해. 최호영은 에케르트의 제자로 서양 음악의 기초 이론을 배웠어. 윤이상은 그 사실을 알고 최호영을 찾아간 거야.

최초의 애국가

프란츠 에케르트는 고종 황제의 부탁을 받아 1902년에 대한 제국 애국가를 만들었어. 하지만 1910년에 일제 강점기가 시작되면서 이 애국가는 역사 속으로 사라져 버렸단다. 우리가 지금 부르고 있는 애국가는 1935년에 만들어졌어. 안익태 작곡가가 원래 〈한국 환상곡〉이라는 제목으로 만든 노래에 가사를 붙여 완성한 거란다.

프란츠 에케르트는 고종 황제로부터 애국가를 만든 공로를 인정받아 태극 3등급 훈장을 받았어. 이후 독일로 돌아가지 않고 서울에서 지내다가 1916년 위암으로 눈을 감았단다. 지금도 서울의 외국인 묘지에 묻혀 있어.

▲ 우리나라에 서양 음악을 본격적으로 들여온 독일인 군악대장 프란츠 에케르트야.

▲ 파고다 공원에 모인 대한 제국의 군악대야. 이들은 매주 종로 파고다 공원에서 연주회를 열었단다.

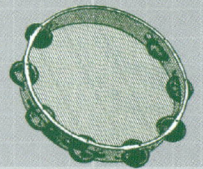

아이들에게 음악 교과서를

1950년 1월 윤이상은 평생의 배필 이수자를 만나 결혼식을 올렸어. 하지만 같은 해 6월 25일 우리 민족에게 씻을 수 없는 고통과 상처를 남긴 6·25 전쟁이 일어났어.

전쟁이 쉽게 끝나지 않자 윤이상은 동료들과 함께 임시 학교를 열어 아이들을 가르치려 했는데 교과서가 전쟁 통에 사라져 버린 터였지. 윤이상은 아동 문학가 김영일과 함께 동요 쉰다섯 곡을 지어 〈새음악〉이라는 초등학교 음악 교과서를 만들었어. 이 교과서로 부산과 경상남도 지역의 아이들을 가르쳤지. 또 수도권 지역 아이들이 음악 교과서로 쓰게 된 〈소년 기마대〉에도 윤이상이 작곡한 동요 열다섯 곡을 수록했어. 뿐만 아니라 부산고등학교를 비롯한 주변 여러 학교에 교가를 작곡해 주었단다.

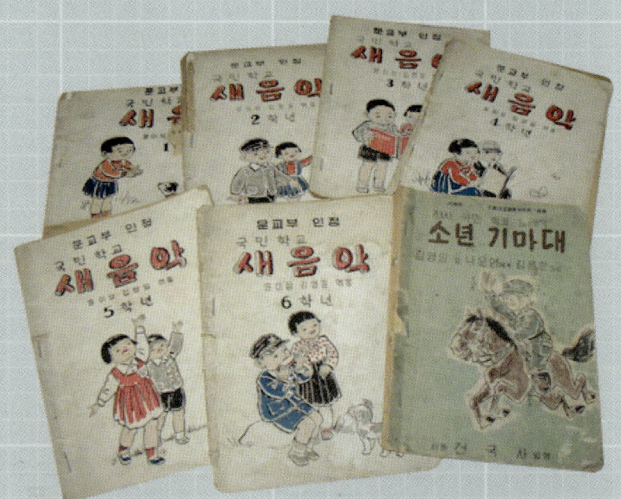

▲ 윤이상이 작곡한 동요가 수록된 음악 교과서 〈새음악〉과 〈소년 기마대〉란다.

만물상 안으로 나원준이 고개를 빼꼼히 들이밀었다.

"안녕하세요, 만물상 할아버지. 안녕, 얘들아. 방금 첼로라고 하셨어요? 황학동에서 음악 하면 또 저 아니겠어요?"

나원준이 너스레를 떨며 말하자 수지가 대답했다.

"작곡가 윤이상에 대해 이야기하고 있었어요."

이젠 아예 만물상 안으로 들어선 나원준이 의기양양하게 말했다.

"윤이상! 파란만장한 삶을 살았던 위대한 작곡가잖아. 어디까지 얘기하셨어요?"

"일본으로 처음 유학 갔을 때 얘기를 하고 있었네. 이제 윤이상이 일본 오사카에서 도쿄로 건너가려다가 다시 돌아온 얘기를 해 주려고. 얘들아, 윤이상은 어머니가 돌아가셨다는 소식을 받고 서둘러 통영으로 돌아와 장례를 치렀단다. 그런 뒤에 고향에 머물며 학교에서 아이들에게 음악을 가르쳤어."

그러자 나원준이 덧붙였다.

"그렇지만 2년 뒤, 다시 일본으로 떠났죠."

"정말요? 왜요?"

선우가 물었다.

"신문에서 프랑스에서 음악을 공부하고 돌아온 일본 작곡가 이케노우치 도모지로가 연주회를 열어 대성공을 거두었다는 기사를 보았거든."

"'이러고 있을 때가 아니다.'라고 생각한 거겠죠?"

수지가 말했다. 그러자 나원준이 고개를 끄덕이며 대답했다.

"그렇지. 일본으로 건너가 이케노우치 도모지로의 제자가 된 윤이상은 악보를 베끼는 아르바이트로 생활비와 교습료를 충당하며 음악 공부를 이어 나갔어."

"하지만 일본이 미국과 전쟁을 할 거라는 소식을 접한 윤이상은 다시 우리나라로 돌아올 수밖에 없었지. 그리고 통영 근처 무인도에 무기 공장을 세워 독립운동을 벌이다가 감옥에 갇히기도 했어. 얼마 뒤 미국과 벌인 전쟁에서 패배한 일본은 무조건 항복을 외쳤고, 우리나라도 일본으로부터 해방되었단다."

할아버지 말이 끝나자 나원준이 이어서 말했다.

"일본에서 돌아온 윤이상은 부산사범학교에서 음악 교사가 되었고, 국어 교사로 일하던 이수자와 사랑에 빠져 결혼을 하게 되었죠."

"이제 음악 공부를 마음껏 할 수 있게 된 거네요?"

수지가 물었다. 그러나 할아버지는 고개를 저었다.

"행복한 시기는 불과 6개월도 채 안 되어서 끝났어. 6·25 전쟁이 터지는 바람에 우리나라는 또 다시 혼돈에 빠져 버렸거든."

선우와 수지는 한숨을 푹 내쉬었다.

"그래도 윤이상은 전쟁 중에도 음악을 놓지 않았잖아요. 부산대학에서 서양음악사 강의도 하고 가곡집도 펴냈죠. 전쟁이 끝나고는 서울에 와서 작곡을 가르치면서 가곡이나 실내악곡을 작곡했고요."

"허허. 〈현악 4중주* 1번〉, 〈피아노 3중주〉로 제5회 서울시 문화상을 받기도 했지."

"와!"

아이들은 탄성을 내질렀다.

나원준이 수지와 선우에게 물었다.

"얘들아, 너희는 마흔 살이 되면 뭘 하고 있을 것 같아? 거의 30년 뒤에 말이야."

"네? 음…… 다른 건 몰라도 공부는 안 하고 있을 것 같아서 기대돼요!"

수지가 말했다. 선우도 세게 고개를 끄덕였다.

"윤이상은 마흔의 나이에 음악 공부를 새로 하기 위해 유럽으로 유학을 떠났는데."

나원준이 말했다. 수지와 선우는 입이 떡 벌어졌다.

"정말요? 윤이상은 일본으로 유학을 두 번이나 다녀왔잖아요!"

수지가 말했다.

"그랬지. 하지만 윤이상은 현대 음악의 본고장인 유럽에 가서 공부를 하고 싶었어. 당시 음악계는 흐름이 그전까지와는 완전히 다르게 바뀌고 있었는데, 유럽에서 직접 그 변화를 체험하고 싶었던 거야."

나원준의 말에 할아버지가 덧붙였다.

"하지만 그때는 마음대로 해외에 나갈 수 없었지."

"예, 맞아요. 유학생 자격으로 해외에 나가려면 학교 측의 초청장이 반드시 있어야 했죠."

나원준의 말에 선우가 물었다.

"해외에서 초청장을 줄 만한 사람이 있었어요?"

"마침 바이올린 연주자인 친구 박민종이

프랑스 파리에 머물고 있었어. 박민종을 통해 파리 국립 고등음악원에 작품 몇 개를 전달할 수 있었지."

나원준의 이야기에 두 아이는 침을 꿀꺽 삼켰다. 선우가 나원준에게 물었다.

"그래서 어떻게 됐어요?"

"합격이었지! 윤이상의 작품을 검토한 파리 국립 고등음악원에서 초청장과 입학 원서를 보내 주었어."

"우아! 멋져요!"

수지가 두 팔을 활짝 벌리며 말했다.

"윤이상은 성북동 집을 판 돈에 서울시 문화상 상금, 주변 사람들로부터 조금씩 빌린 돈을 더해 프랑스 파리로 떠났어. 파리에 도착한 이상은 파리 시립 음악학교 교장 리옹쿠르를 찾아가 작품을 보여 주었어. 그는 윤이상이 작곡에 뛰어난 소질이 있다고 칭찬하며 화성학*을 더 공부하라고 권했지."

나원준이 말했다. 선우와 수지는 마치 자기들이 칭찬받은 것처럼 즐거워했다.

가만히 듣고 있던 할아버지가 입을 열었다.

"파리에서의 유학 생활이 순탄치만은 않았단다."

"또 무슨 일인데요?"

수지가 되묻자 나원준이 대답했다.

"파리에서는 생활비가 많이 들었고 나이가 많아서 다른 학생들보다 등록금도 많이 내야 했대. 이웃 나라인 독일은 대학 등록금이 무료인 데다 생활비가 훨씬 적게 들었는데. 그래서 윤이상은 독일로 갔어."

할아버지가 이어서 말했다.

"서베를린 음악대학 학장이자 작곡과 교수인 보리스 블라허는 중국에서 태어나 유럽에서 공부한 사람이었지. 윤이상은 블라허 교수를 찾아가 제자로 받아 달라고 부탁했고, 윤이상이 작곡한 곡을 살펴본 블라허는 흔쾌히 입학을 승낙했단다."

"블라허는 학생의 개성과 잠재력을 발전시켜 주는 훌륭한 교수였죠. 블라허 덕분에 윤이상은 서양 작곡 기법에 동양적인 느낌을 녹여 낼 수 있게 되었고요."

나원준이 말했다. 문득 수지가 물었다.

"한국에 남아 있는 가족들을 보고 싶어 하지는 않았어요?"

"당연히 그리워했지. 윤이상은 틈만 나면 엽서와 편지를 써서 가족에게 보냈단다. 부산으로 내려가 선생님으로 일하며 아이들을 키우고 있는 아내에 대한 미안함 때문에 죽을힘을 다해 공부를 했어."

할아버지가 말했다.

"작곡 공부가 엄청 어려웠나 봐요?"

수지가 물었다. 이번에는 나원준이 대답했다.

"당시 서베를린 음악대학 작곡과를 졸업하려면 총 일곱 과목 시험을 모두 통과해야 했대. 7년 동안 졸업생이 나오지 못할 정도로 시험이 어려웠다고 해. 하지만 윤이상은 모두 통과하고 졸업장을 받았지."

나원준의 말에 수지와 선우가 엄지를 치켜세웠다.

 # 클래식의 세계

윤이상이 작곡한 곡은 클래식의 전통 작곡 기법을 기반으로 윤이상만의 독특한 작곡 기법이 가미된 현대 음악이야. 클래식은 서양에서 오래전부터 내려온 전통적인 연주법과 작곡 기법으로 된 음악을 말해. 〈반짝반짝 작은 별〉 노래 알지? 이 동요도 모차르트라는 18세기 오스트리아 작곡가가 만든 대표적인 클래식 곡 〈작은 별 변주곡〉에서 유래했단다.

클래식의 작곡 기법, 조성 음악

클래식 음악은 한 가지 큰 규칙을 따르고 있어. 그건 바로 '조성'이야. 조성이란 음악이 한 가지 음(으뜸음)을 중심으로 조화롭고 통일성 있게 작곡된 상태를 말해. 음악을 들을 때 중심이 되는 음과 멜로디가 느껴진다면 조성 음악이라고 볼 수 있어. 그런데 이전과는 뭔가 다른 음악을 만들고 싶어 했던 작곡가들은 한 곡 안에 두 개 이상의 조성을 적용하기도 하고, 특별히 조성이 느껴지지 않는 음악을 만들기 시작했어.

클래식 음악의 여러 용어들

- **관현악**: 클라리넷처럼 불어서 소리를 내는 관악기, 바이올린처럼 줄을 울려서 소리를 내는 현악기, 팀파니 같은 타악기 들이 함께 어우러져 연주되는 음악이야. 관현악을 연주하는 악단을 관현악단, 오케스트라라고 한단다.
- **교향곡**: 오케스트라가 연주하도록 작곡된, 규모가 큰 곡이야. 보통 네 개의 악장으로 구성돼 있지.
- **협주곡**: 바이올린이나 피아노와 같은 하나의 독주* 악기와 오케스트라가 함께 연주하도록 작곡된 곡이야. 교향곡보다는 독주 악기와 연주자가 훨씬 돋보이도록 구성되어 있어.
- **실내악**: 무대가 아닌 실내에서 연주하고 감상할 수 있도록 만들어진 곡을 말해. 곡 제목이 〈현악 3중주〉라고 한다면 바이올린, 비올라, 첼로와 같은 현악기 세 가지로만 이루어진 곡을 뜻한단다.

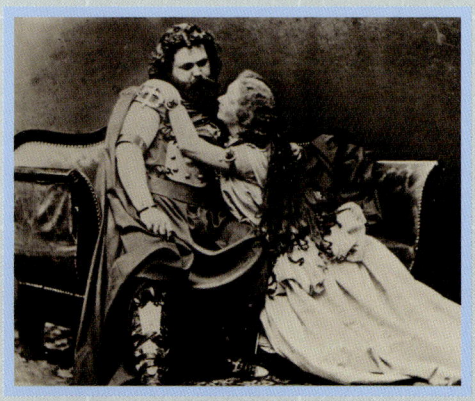

◀ 독일 작곡가 바그너의 오페라 〈트리스탄과 이졸데〉의 1865년 공연 모습이야. 이 작품에서 조성 음악의 규칙이 깨지기 시작했지.

▲ 작곡가 차이코프스키의 관현악을 연주하는 더블린 필하모닉 오케스트라의 모습이야.

현대 음악의 세계

현대 음악

넓은 의미의 현대 음악은 오늘날 세상에 선보이는 모든 음악을 통틀어 가리킨단다. 하지만 윤이상이 유럽에서 공부한 현대 음악은 그 의미가 조금 달라.

1800년대 말부터 오늘날까지 만들어진 순수 예술 음악을 현대 음악이라고 하는데, 이렇다 할 특징을 정할 수 없을 만큼 종류가 다양해. 작곡가마다, 작품마다 모두 다른 형식을 갖고 있기 때문이지.

작곡가 카를하인츠 슈토크하우젠은 헬리콥터 안에서 바이올린을 연주하는 공연을 선보였어. 존 케이지라는 음악가는 '4분 33초'라는 음악에서 아무것도 연주하지 않은 채 4분 33초 동안 멍하니 피아노 앞에 앉아 있었는데 공연장에 모인 사람들의 소음이 음악이라는 뜻이었지.

무조 음악과 12음 기법

윤이상이 유럽에 가서 공부했던 것은 무조 음악이었어. 무조 음악이란 조성이 없는 음악을 말한단다. 무조 음악은 당시 음악계에서 가장 높은 관심을 받고 있었지.

무조 음악을 탄생시킨 사람은 아르놀트 쇤베르크라는 오스트리아 출신의 미국인 작곡가야. 쇤베르크는 단순히 조성을 없앤 것에서 한 발 더 나아갔어. 한 곡에서 모든 음을 균등하게 한 번씩 쓰도록 하는 작곡 기법을 탄생시켰거든. 이 기법을 12음 기법이라고 한단다.

윤이상은 서베를린 음악대학에서 요제프 루퍼 교수로부터 12음 기법을 열심히 배워 자기 것으로 만들었어. 덕분에 훌륭한 현대 음악 작품을 탄생시켰단다.

▲ 비행하는 헬리콥터 안에서 카를하인츠 슈토크하우젠의 〈헬리콥터 현악 4중주〉를 연주하는 바이올리니스트의 모습이야.

▲ 아르놀트 쇤베르크가 지휘한 1913년 공연 모습을 풍자한 그림이야. 완전히 새로운 작곡법에 관객들이 받은 충격이 얼마나 컸는지 짐작할 수 있어.

"윤이상은 졸업하자마자 음악제에 출품할 작품을 작곡하기 시작했어. 그렇게 완성한 〈일곱 악기를 위한 음악〉이라는 곡을 다름슈타트 국제 현대 음악제에 보냈단다. 또 네덜란드에서 열리는 가우데아무스 음악제에도 다른 작품을 출품했어. 음악제에서 모두 떨어지면 한국으로 돌아가려고 여행 가방을 싸 두고 기다렸지."

나원준의 말에 두 아이의 표정이 긴장되었다.
"그래서 어떻게 됐어요? 연락이 왔어요?"
선우가 나원준에게 물었다. 나원준은 빙그레 웃어 보였다.
"왔지! 다름슈타트 음악제에서 윤이상의 곡이 입선*했다는 답신이 왔어. 뿐만 아니라 네덜란드 가우데아무스 음악제에서도 입선했다는 소식을 받았지."
나원준이 말했다. 할아버지도 거들었다.
"원준이 자네가 윤이상 작곡가에 대해 잘 알고 있군. 음악제에서 좋은 성과를 거둔 윤이상은 독일에 좀 더 머물기로 했지?"
"네, 그랬죠. 다름슈타트 국제 현대 음악제의 마지막 프로그램인 '실내악의 밤'에서 입선한 곡이 연주되었죠. 연주가 끝난 뒤에도 관객들의 박수가 끝나지 않아 세 번이나 무대 위로 올라갔대요."
"진짜 기분 좋았겠어요!"
"열심히 공부한 보람이 있었군요!"
수지와 선우가 연달아 말했다.
"졸업 작품이 쾰른 국제 현대 음악제에서 입선하면서 윤이상의 이름이 점점 더 많이 알려지기 시작했어. 방송국에서 동양 음악을 소개하는 프로그램을 맡기도 하고 여러 곳에서 작곡 요청을 받았지."

할아버지가 나원준의 말을 이었다.

"그즈음 윤이상은 유럽에 계속 머물면서 작곡가로서 작품 활동을 더 하고 싶었어. 하지만 마음에 걸리는 게 하나 있었단다."

"한국에 있는 아내와 아이들이었겠죠?"

수지가 말했다. 할아버지가 고개를 끄덕였다.

"윤이상은 가족을 무척이나 보고 싶어 했단다. 엽서에 빼곡하게 편지를 써 보내는 것으로 그리움을 달랬지. 그러던 중 베를린 라디오 방송국의 의뢰를 받아 작곡한 곡 〈바라〉가 좋은 평가를 받았고 그 뒤, 가족 모두를 독일로 불러야겠다고 결심했단다."

"돈이 엄청 많이 필요했겠네요?"

선우가 물었다. 그러자 나원준이 대답해 주었다.

"맞아. 가족들이 다 같이 살기 위한 집을 사려면 아주 큰돈이 필요했어. 그때 마침 독일의 초콜릿 회사에서 꽤 높은 상금을 걸고 음악 콩쿠르*를 열었는데, 윤이상은 심혈을 기울여 〈낙양〉이라는 곡을 만들어 보냈어."

"낙양은 중국 여러 왕조의 도읍지였단다. 제목처럼 서양 악기를 동양 악기처럼 연주하도록 작곡한 아주 신비롭고 매력적인 곡이지."

할아버지가 덧붙였다.

다름슈타트 국제 현대 음악제

독일 남부 도시, 다름슈타트에서 열리는 다름슈타트 국제 현대 음악제는 전 세계 수많은 현대 음악가와 예술가들이 찾아와 다양한 공연과 토론회, 강습회*를 여는 행사야.

윤이상은 1958년 9월에 처음으로 다름슈타트에 갔어. 거기서 존 케이지, 슈토크하우젠 등 지금까지의 음악을 부정하고 완전히 새로운 음악을 시도하는 예술가들을 만났지. 윤이상은 강습회를 담당하는 슈타이네케 교수에게 음악적인 고민을 털어놓았어. 존 케이지와 같은 음악가들이 지나치게 앞서 나가는 것 같다는 것이었지. 슈타이네케 교수는 윤이상에게 고민의 결과를 작품으로 만들어 음악제에 출품하라고 권했어. 덕분에 다음 해에 윤이상의 작품이 다름슈타트 국제 현대 음악제에서 공연될 수 있었어.

▲ 1957년 다름슈타트 강습회 모습이야. 지금도 다름슈타트 국제 현대 음악제에는 매년 수많은 사람들이 찾아와 공연을 즐기거나 음악 강의를 들어.

"콩쿠르 결과는 어떻게 됐어요? 이번에도 입선이었죠?"

선우가 궁금함을 참지 못하고 물었다.

"본선에 올랐지만 안타깝게도 상을 받지는 못했어. 다른 공모에도 내 보았지만 결과는 마찬가지였지."

나원준이 말했다. 실망한 두 아이를 보고 할아버지가 허허 웃으며 말했다.

"하늘이 무너져도 솟아날 구멍이 있다는 말이 있지 않니. 포드라는 미국의 자동차 회사가 독일의 예술가들에게 창작 지원금을 주는 사업을 벌였단다. 제2차 세계 대전*이 끝난 뒤 폐허가 된 독일의 수도 베를린을 문화와 예술의 중심지로 부활시키기 위해서였지."

"거기에 지원한 거예요?"

수지의 물음에 할아버지가 계속해서 말했다.

"그렇지! 윤이상은 지금까지 작곡했던 곡과 연주곡이 담긴 음반, 비평 기사들을 모아 포드 재단으로 보내 지원금을 받았어. 덕분에 가족 모두가 한 집에 모여 살 수 있게 되었단다."

"유학 온 지 8년 만에 아이들을 다시 만난 거죠!"

나원준이 말했다. 아이들은 두 팔을 벌려 환호했다.

"정말 눈물 나게 행복했겠네요."

그런데 할아버지가 한숨을 푹 쉬었다.

"평화로운 시절도 잠깐이었어. 윤이상은 강제로 한국으로 송환*되어 감옥에 갇히게 돼."

할아버지의 말에 선우가 벌떡 일어났다.

"감옥에서 작곡했다는 게 지금 이 얘기죠?"

"그래, 맞다. 윤이상이 독일에서 간첩*으로 활동했다는 누명을 쓴 거야. 당시 우리나라는 북한과 남한이 아주 날카롭게 대립하고 있었단다. 당시 남한의 박정희 정권은 반공을 앞세워 국민들의 인권을 탄압하고 고통을 주는 경우가 많았어. 죄 없는 사람도 북한의 간첩이라고 낙인이 찍히면 누명을 벗기 어려웠어."

할아버지가 말했다.

"윤이상은 죄가 없다고 계속해서 주장했지만 감옥에서 쉽게 풀려날 수 없었어. 감옥에 붙잡혀 가기 직전, 윤이상은 독일 뉘른베르크 오페라 극장 측으로부터 작곡 의뢰를 받은 상태였어. 윤이상은 감옥에서 작곡을 하게 해 달라고 간절하게 요청했대."

나원준이 말했다.

30

사신도와 간첩단 사건

강서 고분 사신도

강서 고분 사신도는 1,400여 년 전 고구려 시대에 그려진 무덤 속의 벽화야. 윤이상은 1960년대부터 이 강서 고분 사신도의 모사품을 거실 벽에 붙여 놓고 작곡할 때 많은 영감을 받곤 했어. 벽화는 동서남북을 지키는 사신(청룡, 백호, 주작, 현무)과 천장의 황룡으로 구성돼 있어. 윤이상은 북한에 있는 이 벽화를 직접 가서 두 눈으로 보고 싶어 했어. 그러던 중, 어린 시절 일본에서 함께 음악 공부를 했던 친구가 북한에 있다는 이야기를 듣고 사신도를 볼 겸 북한에 방문했지. 윤이상은 그때 받은 영감을 바탕으로 플루트, 오보에, 바이올린과 첼로를 위한 〈영상〉을 완성했단다.

동베를린 간첩단 사건

윤이상은 북한에 다녀왔다는 이유로 간첩이라는 누명을 썼어. 윤이상뿐만 아니라 유럽 각국에서 살고 있는 200여 명의 유학생들이 한국으로 강제 송환되어 감옥에 갇혔지. 윤이상은 짓지도 않은 죄를 자백하라며 혹독한 고문을 받았어. 너무 심한 고문 끝에 자기도 모르게 죄를 인정하고 말았지. 윤이상은 무기징역을 선고 받았지만 유럽의 음악가 친구들과 독일 정부의 도움으로 석방*될 수 있었어. 2006년이 되어서야 '국가정보원 과거사건 진실규명을 통한 발전위원회'가 이 사건을 다시 조사하여 정부가 잘못했음을 밝혔단다.

▲ 강서 고분 사신도 중 백호 그림이야.

▲ 재판장에서 판결을 받고 있는 윤이상(앞줄 왼쪽에서 첫 번째)의 모습이야.

할아버지가 몽당연필을 들어 보이며 말했다.

"윤이상의 끈질긴 요청 끝에 감방에서 작곡을 해도 된다는 허락을 받았단다. 윤이상은 아내가 독일에서 구해 온 악보와 연필을 가지고 작곡을 하기 시작했지."

수지와 선우는 몽당연필을 자세히 들여다보았다. 흔한 연필이 새삼 다르게 보였다.

"이게 바로 윤이상 작곡가가 썼던 연필인 거죠?"

수지가 물었다. 할아버지가 고개를 끄덕였다.

"억울하게 갇혀 있는 윤이상의 상황을 알게 된 독일 출판사에서 윤이상을 위해 한국으로 독일제 악보와 연필, 지우개를 보내 주었단다. 윤이상은 책상도 없는 차가운 감옥 바닥에 엎드려 새 연필이 몽당연필이 되도록 작곡에 열중했지."

할아버지 뒤를 이어 나원준이 말했다.

"그러다가 건강이 너무 안 좋아졌죠. 병원으로 옮겨졌는데 병상에서도 작곡을 멈추지 않았대요. 어휴, 저라면 그렇게는 못했을 것 같아요. 윤이상은 교도관들

의 감시를 받으면서 힘겹게 작곡을 한 끝에 마침내 오페라 〈나비의 미망인〉을 완성했죠."

"그러니 대단한 작곡가라는 게지. 얘들아, 〈나비의 미망인〉이 그대로 잠들지는 않았단다. 윤이상의 아내가 〈나비의 미망인〉 모음 악보*를 가지고 한국을 떠나 독일 뉘른베르크 오페라 극장에 전달해 주었지. 공연이 성공적으로 끝나고 수많은 사람들의 박수를 받는 동안 윤이상은 차가운 감방에 갇혀 있었어."

할아버지의 말에 나원준이 덧붙였다.

"윤이상의 아내는 물론 세계의 수많은 음악가 동료들이 윤이상을 구하기 위해 사방으로 뛰어다녔죠. 그런 노력 덕분에 독일을 비롯한 세계 여러 나라 언론사가 한국에 찾아와 취재를 하고 윤이상에게 인터뷰를 요청했고요. 심지어 독일 정부는 윤이상을 감옥에서 풀어 주지 않으면 우리나라에 빌려 주려 했던 돈 5억 마르크를 주지 않겠다고 선언했다죠?"

"우아! 대단해요. 자기 나라 사람도 아닌데 어째서 윤이상을 풀어 달라고 한 거예요?"

선우가 고개를 갸우뚱하며 물었다.

"윤이상은 이미 세계적인 작곡가 되어 있었단다. 윤이상을 잃는다는 것은 위대한 작곡가를 잃는다는 의미였지. 그래서 세계 사람들이 윤이상을 지키려 한 거야."

"이런, 계속 이야기하고 싶은데 예약 손님이 오기로 한 시간이어서 전 이만 가 볼게요."

나원준은 그렇게 말한 뒤 만물상을 떠났다.

세계적인 작곡가로 발돋움하다

〈나비의 미망인〉은 중국 고전 〈장자*〉에 나오는 '호접지몽*'이라는 이야기를 바탕으로 해서 만든 오페라야. 호접지몽은 꿈속에서 나비가 되어 하늘을 훨훨 나는 꿈을 꾸고 일어난 장자가 꿈속의 나비가 진짜 자신인지 지금의 모습이 진짜 자신인지 의문을 갖고 인생의 덧없음을 느낀다는 내용이란다.

〈나비의 미망인〉이 처음 공연될 때 윤이상은 감옥에 있었기 때문에 아내가 대신 객석에서 관람했지. 공연이 끝난 뒤 사람들의 엄청난 환호와 박수가 이어졌어. 무대 커튼이 내려간 뒤에도 박수가 계속 이어져 지휘자는 무려 서른한 번이나 무대 위로 올라가 관객들에게 인사를 했단다. 음악 평론가들은 윤이상이 현대 오페라의 새로운 길을 열었다고 아주 좋은 평가를 해 주었어.

▲ 〈나비의 미망인〉이 상연된 뉘른베르크 오페라 극장이야.

그때 만물상에 동물 병원 박남훈 선생님이 들어왔다.

"안녕하세요, 할아버지. 지나다가 나원준 씨한테 들으니 윤이상 작곡가에 대해 얘기 중이시라면서요?"

"안녕하세요, 쌤! 쌤도 윤이상 작곡가를 아세요?"

선우가 물었다.

"당연하지! 쌤이 대학생일 때 해외 여러 나라를 돌아다녔거든. 그때 유럽에서 가장 유명한 한국 예술가가 바로 윤이상이었어."

박남훈 선생님이 말했다. 선우는 지금까지 만물상에서 나눈 이야기를 들려 준 뒤 할아버지에게 물었다.

"윤이상은 감옥에서 풀려났어요?"

"거의 2년 만에 자유의 몸이 되었단다. 가족과 동료, 친구들 그리고 독일 정부와 세계 수많은 음악가들의 노력 덕분이었지."

박남훈 선생님이 덧붙였다.

"독일로 돌아온 윤이상은 작곡가 인생에서 가장 큰 규모의 공연에 쓰일 작품 의뢰를 받았죠."

"아! 알 것 같아요. 할아버지가 처음에 말씀하신 독일 올림픽 아니에요? 오페라 〈심청〉 맞죠?"

수지의 말에 박남훈 선생님이 손가락을 탁 튕기며 말했다.

"빙고! 정답이야. 1972년에 독일 뮌헨에서 올림픽이 열렸거든. 당시 올림픽 위원회는 윤이상이야말로 동서양을 아우르는 오페라 작품을 쓸 수 있는 최고의 작곡가라고 판단하고 작곡 의뢰를 한 거야."

"우아! 대단해요!"

선우가 박수를 쳤다. 박남훈 선생님이 계속해서 말했다.

"윤이상은 한국의 아름다움을 세계에 널리 알릴 수 있는 아주 좋은 기회라고 생각했어. 그래서 우리나라 옛이야기인 심청전을 소재로 오페라를 만든 거야."

"관객들 반응은 어땠어요?"

수지가 물었다.

"대성공이었지! 개막식 공연을 본 세계 수많은 나라에서 온 관객들이 자리에서 일어나 열렬히 박수를 쳤단다. 윤이상은 막이 내린 무대 위로 올라가 관객들에게 정중하게 인사했어."

세계에 알려진 〈심청〉

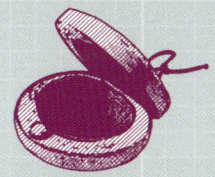 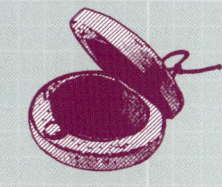

오페라 〈심청〉

윤이상은 오페라 〈심청〉이 한국의 아름다움을 표현할 수 있도록 신경을 많이 썼어.

연출가 귄터 레너트와 오페라 대본을 쓴 하랄드 쿤츠를 한국으로 보내 박물관과 고궁을 견학하도록 권했지. 양주 별산대놀이*에서 영감을 받은 레너트는 합창단원들에게 가면을 쓰도록 했어. 또 무대 장치를 담당한 위르겐 로제는 윤이상의 권유로 독일에 있는 한국 박물관을 견학하고 온 뒤 출연자들이 입을 의상을 한국 전통 의복으로 만들었지. 대본을 쓴 쿤츠는 극적인 효과를 위해 심청이 부잣집 도련님으로부터 청혼을 받았으나 아버지 때문에 거절했다는 이야기를 도입부에 넣었단다.

여기에 윤이상의 아름다운 음악이 더해졌으니 관객들이 환호한 것은 당연한 일이었지.

오페라란?

오페라는 음악을 중심으로 노래와 가사, 대사, 무대 미술, 조명, 의상, 연기와 발레를 포함하는 종합 예술이야. 노래와 연기가 나온다는 점에서 뮤지컬과 비슷하지만 둘은 엄연히 달라.

오페라는 소재를 주로 고전에서 가져온다면 뮤지컬은 현대적인 내용을 다루는 경우가 많지. 또 뮤지컬에서는 노래와 말로 하는 대사가 섞여 있지만, 오페라에서는 대사도 노래로 불러서 표현한단다. 한마디로 오페라는 뮤지컬보다 더 음악에 치중하는 예술이라고 할 수 있어.

예전에는 귀족을 위한 고급 예술이었지만 이제는 많이 대중화되어 누구나 즐길 수 있게 되었단다.

▲ 도니체티가 작곡한 오페라 〈람메르무어의 루치아〉 공연 모습이야. 무대 아래쪽에서 음악을 연주하는 오케스트라를 볼 수 있어.

▲ 1972년 8월 뮌헨 올림픽 개막 오페라 〈심청〉에서 배우들이 앞 못 보는 아버지와 그를 위로하는 심청을 연기하던 모습이야.

박남훈 선생님의 말에 할아버지가 덧붙였다.

"올림픽이 끝난 뒤에 열린 연회에서 올림픽 위원장이 윤이상에게 뮌헨 행사의 문화 부문 금메달을 수여했단다. 유럽의 한 신문에는 대한민국과 윤이상이 뮌헨 올림픽의 진정한 승자라는 기사가 실렸지."

수지는 감동한 듯 이렇게 말했다.

"제가 태어나기도 전에 그런 일이 있었다니 진짜 멋있어요."

"오페라 〈심청〉은 우리나라에서 공연 안 했어요?"

선우가 묻자 박남훈 선생님이 웃으며 대답했다.

"그 다음해인 1973년에 서울에 국립극장이 새로 개관한 기념으로 〈심청〉이 공연되었어. 윤이상도 작곡가로서 정식 초대받았지만 서울에 가지 않았지."

"어째서요? 엄청 보고 싶었을 것 같은데요?"

선우가 되묻자 박남훈 선생님이 대답했다.

"물론 그랬을 거야. 하지만 그때도 여전히 우리나라는 정치적으로 매우 혼란스러웠거든. 남과 북이 날카롭게 대립하고 있는 상황이기도 했고. 무슨 봉변을 당할지 모르니 한국에 가지 말라고 친구들이 말렸어."

"고향 땅 통영을 그토록 그리워했는데 한국에 갈 수 없는 상황이었으니 얼마나 가슴 아팠겠나."

할아버지 말에 박남훈 선생님이 끄덕였다.

"그랬겠죠. 한국에 들어올 수는 없었지만 윤이상은 해외에서 고국을 위해 자기가 할 수 있는 일들을 찾아서 차근차근 해 나갔죠. 남북이 화합하고 우리나라의 정치 상황이 안정되도록 노력하기도 했구요."

수지가 물었다.

"어떤 일들을 했는데요?"

"윤이상은 5·18 광주 민주화 운동을 기리기 위해서 〈광주여 영원히!〉라는 곡을 작곡했어. 독재 정권이 무고한 시민을 탄압하고 있다는 사실을 세계에 널리 알리고 싶었던 거야."

박남훈 선생님에 이어 할아버지가 말했다.

"윤이상은 남북문제에도 관심이 많았단다. 평양에서 범민족 통일음악회가 열리게 된 것도 윤이상의 노력 덕분이야. 윤이상은 음악을 통해 남한과 북한의 사람들이 하나가 되는, 평화로운 세상을 꿈꾸었어."

화합과 평화를 위한 노력

광주여 영원히!

1980년 5월, 윤이상은 텔레비전으로 끔찍한 뉴스를 접했어. 우리나라에서 일어난 5·18 광주 민주화 운동에 대한 소식이었지. 잘못된 정치 상황에 화가 난 광주 시민들이 거리로 나와 운동을 벌였는데, 정부는 시민들을 무참히 짓밟아 버렸어. 이 모습에 충격을 받은 윤이상은 표제 음악*을 작곡하기로 결심했어. 그리고 이듬해 5월 〈광주여 영원히!〉라는 곡을 완성하여 발표했어. 총 4악장으로 된 이 곡은 우리나라 민중들이 꿋꿋하게 정의로운 세상을 만들어 가는 내용을 담고 있지. 쾰른 방송교향악단의 연주로 처음 공개되자 수많은 사람들의 열렬한 지지를 받았단다. 독일의 우리 동포들은 한복을 입고 와 눈물 흘리며 들었다고 해.

범민족 통일음악회

윤이상은 남과 북이 평화를 이룩하기를 누구보다도 더 소망했단다. 40년 넘게 서로 만나지 못한 남과 북을 하나로 만들어 주는 데는 음악보다 더 훌륭한 것이 없다고 생각했어. 윤이상은 남측과 북측의 문화 예술계 사람들을 만나 남북통일음악제가 열리도록 힘을 썼어. 1990년 10월, 남한의 예술인과 북한의 예술인이 한 무대에 서서 음악으로 하나가 되는 자리를 가졌지. 범민족 통일음악회였어. 공연은 19일부터 22일까지 4일 동안 이어졌단다. 매일 마지막 공연에는 〈우리의 소원〉을 부르며 마무리했어. 윤이상이 생각했던 대로 음악 덕분에 남과 북의 긴장이 한층 풀리고 더 우호적인 관계가 될 수 있었지.

▲ 쾰른 방송교향악단의 〈광주여 영원히!〉 연주가 끝난 뒤 윤이상과 지휘자가 인사를 나누고 있어.

◀ 범민족 통일음악회의 개회를 선언하는 윤이상의 모습이야.

"사실 저는 독일에 배낭여행을 가기 전까지만 해도 윤이상 작곡가에 대해 아는 게 거의 없었어요. 이름만 몇 번 들어 본 정도였죠. 알고 보니 윤이상은 독일에서 엄청 유명한 음악가더라고요."

박남훈 선생님이 말했다. 할아버지가 박남훈 선생님에게 물었다.

"젊어서 이곳저곳 많이 여행한 자네가 참 부럽군. 그래, 윤이상이 살던 집에도 가 보았나?"

"물론이죠. 베를린에서 차로 한 시간쯤 걸리더라고요. 1975년부터 돌아가신 해인 1995년까지 살았던 집인데 근처에 호수가 있는 조용한 동네예요."

할아버지의 스마트폰으로 검색을 해 보던 선우가 이렇게 말했다.

"인터넷 기사를 보니까 최근에 윤이상 하우스라는 이름으로 새롭게 열었대요. 남북의 젊은 예술인들이 창작 공간으로 사용할 수 있도록 지원한대요."

"아 그래? 그건 나도 몰랐는걸. 윤이상 작곡가의 뜻을 잇는 좋은 지원 제도인 것 같구나."

"아무리 생각해도 놀라워요. 제가 그 시대에 태어났다면 유럽에 가서 예술가가 되겠다는 꿈을 꾸지도 못했을 것 같아요."

수지의 말에 할아버지가 빙그레 웃었다.

"음악을 향한 순수한 열정이 없었다면 절대로 그 꿈을 이룰 수 없었겠지. 이 몽당연필을 좀 봐라. 어둡고 추운 감방에서 끝까지 포기하지 않고 연필심이 다 닳도록 작곡을 한 그 의지가 대단하지 않니?"

"우아! 이게 윤이상이 썼던 몽당연필인가요?"

박남훈 선생님이 수지, 선우와 함께 책상 위에 놓인 몽당연필을 자세히 들여다보았다.

"처음에는 그냥 흔한 연필인 줄 알았는데, 이제 완전히 다르게 보여요."

수지가 말했다. 선우도 끄덕였다.

"연필이랑 종이만 있으면 저도 언젠가 위대한 일을 할 수 있겠죠?"

"하하하. 금세 배웠구나. 그래, 선우 네 말이 맞다. 중요한 건 의지와 끈기야. 역사와 운명도 한 사람의 의지를 꺾지는 못한다는 걸 윤이상의 삶이 아주 잘 보여 주고 있지."

할아버지가 말했다.

"한동안 잊고 있었는데, 저도 종종 윤이상 작곡가의 음악을 들어야겠어요. 힘이 날 것 같아요."

박남훈 선생님이 말했다. 그 말을 듣고 선우와 수지가 할아버지를 조르기 시작했다.

"할아버지, 지금 당장 들려주세요!"

"녀석들, 급하기는. 기다려 봐라, 찾아 줄 테니."

유쾌한 웃음소리가 만물상 안에 울려 퍼졌다.

운명을 뛰어넘은 세계적인 음악가

세계적인 음악가, 윤이상

뮌헨 올림픽 이후 윤이상은 베를린 예술대학의 정교수로서 학생들을 가르치고 작품 창작도 게을리하지 않았어. 오페라부터 교향곡, 협주곡, 실내악곡, 동요 등 150여 편의 음악을 작곡했지.

이런 작품들은 윤이상의 명성을 더 드높여 주었어. 1988년에는 '독일연방공화국 대공로 훈장'을 받았고, 1995년 독일 자아브뤼겐 방송이 선정한 '20세기 100년을 통틀어 가장 중요한 작곡가 30인' 중 한 사람으로 뽑혔지. 유럽의 평론가들은 '20세기 중요 작곡가 56'인 중 한 명, '현존하는 유럽의 5대 작곡가' 중 한 사람으로 윤이상을 선정하기도 했어. 또 뉴욕 브루클린 음악원에서 '인류 최고의 음악가 44인'을 선정했는데, 동양인으로서는 유일하게 윤이상의 이름이 올랐지. 1995년 3월에는 독일문화원에서 수여하는 최고의 상인 괴테 메달을 받았는데 안타깝게도 그해 가을 독일에서 가족과 친구들이 지켜보는 가운데 눈을 감았단다.

◀ 독일문화원에서 수여하는 괴테 메달이야.

윤이상의 꿈을 잇는 음악제

윤이상은 떠났지만 그의 꿈은 여전히 이 세상에 이어지고 있어.

윤이상의 고향인 통영에서는 2002년부터 윤이상을 추모하고 국내외 예술가의 성장과 발굴을 위해 매년 통영 국제 음악제가 열리고 있단다. 봄이면 연주회가 열리고, 가을에는 콩쿠르가 열리지. 한 해에는 피아노, 그 다음해에는 바이올린, 또 그 다음해에는 첼로 콩쿠르로 재능 있는 연주가들을 발굴하고 있어. 그리고 교육 행사를 개최하기도 하는데, 이를 통해 수많은 젊은 음악가들을 키워 내고 있지.

이뿐 아니야. 2007년부터는 국내외 작곡가들에게 윤이상 국제 작곡상이 수여되고 있어. 원래는 응모된 작품을 심사하는 작곡 콩쿠르였지. 2013년 이후 잠시 중단되었다가 2019년부터 다시금 시상이 시작되었는데 예전처럼 응모 작품을 보는 방식이 아니라 예술의 사회적 영향력을 감안하는 상으로 거듭났단다.

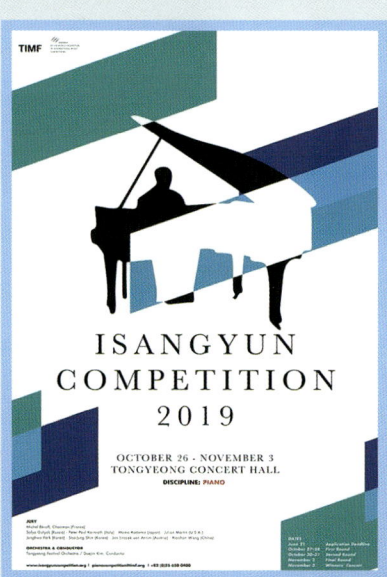

◀ 통영 국제 음악제 행사인 콩쿠르에 대해 알리는 포스터야.

어휘 사전

*표시된 어휘를 자세히 설명합니다.

미망인(13쪽) : 남편이 세상을 떠난 부인을 가리켜.

보통학교(14쪽) : 일제 강점기의 초등 교육 기관으로 오늘날의 초등학교에 해당돼.

명창(18쪽) : 노래를 뛰어나게 잘 부르는 사람을 뜻해.

상업 학교(18쪽) : 상품을 사고파는 상업에 관한 지식과 기술을 전문적으로 가르치는 학교를 말해.

무성 영화(19쪽) : 인물이 하는 말이나 음악, 효과음 등이 전혀 나지 않고 영상만 있는 영화란다.

군악대(21쪽) : 군대에서 음악 연주를 위해 만들어진 부대야. 음악으로 군인들의 사기를 드높이기 위해 만들어졌지.

대한 제국(21쪽) : 조선의 고종 임금이 1897년에 새롭게 정한 우리나라의 이름이야. 고종은 나라 이름을 바꾸고 자신이 황제가 되면서 중국, 일본, 서양의 간섭을 벗어난 자주 독립국임을 선언한 셈이란다. 1910년에 일제의 침략과 함께 대한 제국이라는 이름은 사라졌어.

4중주(23쪽) : 네 개의 독주 악기로 함께 하는 실내악 연주를 가리켜.

화성학(25쪽) : 음악의 가장 기초적인 분야로, 화음을 연구하는 학문이야.

독주(26쪽) : 한 사람이 악기를 연주하는 것을 말해.

입선(28쪽) : 공모나 대회에 출품한 작품이 심사에 합격하여 뽑히는 것을 뜻해.

콩쿠르(29쪽) : 음악, 미술, 사진과 같은 예술 작품들을 모집해 순위를 가리는 경연 대회야.

강습회(29쪽) : 일정 기간 동안 학문이나 실무를 배우고 익히는 모임이야.

제2차 세계 대전(30쪽) : 1939년부터 1945년까지 독일, 이탈리아, 일본이 미국, 영국, 프랑스, 소련(현재 러시아) 같은 연합국과 벌인 전쟁이야.

송환(30쪽) : 외국에 있던 포로나 불법으로 입국한 사람을 원래 자기 나라로 돌려보내는 것을 뜻해.

간첩(30쪽) : 다른 나라에 신분을 숨기고 들어가 비밀이나 상황을 몰래 알아내 자기 국가에 정보를 전달하는 사람을 말해.

석방(31쪽) : 감옥에 갇혀 있던 사람이 자유롭게 풀려나는 것을 말해.

모음 악보(33쪽) : 연주에 필요한 모든 악기들의 악보를 한데 모아 전체 곡을 한눈에 알아볼 수 있게 적은 악보야. '총보'라고도 하지. 위에서부터 아래로 목관 악기, 금관 악기, 타악기, 현악기 순서로 적어서 만들어.

장자(33쪽) : 중국의 고대 철학자 장자의 사상을 담은 책이야. 억지스러운 것을 버리고 자연으로 돌아가자는 철학을 담고 있어.

호접지몽(33쪽) : '나비의 꿈'이라는 뜻이야.

양주 별산대놀이(35쪽) : 경기도 양주 지역에 내려오는 탈놀이야. 양반에 대한 풍자를 담고 있어.

표제 음악(37쪽) : 제목과 줄거리를 통해 곡의 내용을 구체적으로 알 수 있도록 작곡한 음악을 뜻해.

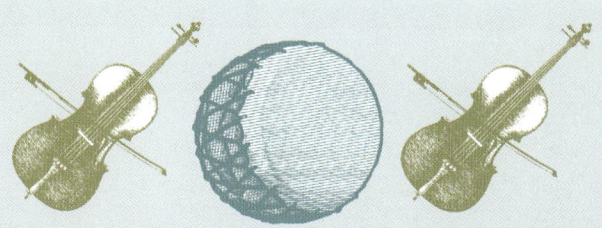

황보감 할아버지
황학동에서 삼대째 한의원을 하고 있다. '황학동 허준'이란 별명을 가지고 있다. 만물상 할아버지와 초등학교 동창으로 오랜 친구다.

꽃돼지 아주머니
황학동에서 손맛 좋기로 유명한 꽃돼지네 분식집 주인이다. 외국에 떡볶이, 순대, 튀김을 파는 꽃돼지네 분식 2호점을 내는 게 꿈이다.

나재주 아저씨
중고 가전제품 가게를 운영하는 발명가 아저씨이다. 멋진 발명 아이디어로 평범한 물건도 새것으로 만드는 일을 즐겨 한다.

김 여사
동양화 중에서도 난을 잘 그리는 멋쟁이 여사로, 언제나 우아하고 교양 넘치는 말투로 화방에서 손님을 맞는다.

미세스 고
황학동 시장에서 커피, 녹차, 유자차, 생강차 등을 수레에 싣고 다니면서 판다. 커피 수레를 밀고 다니면서 온 동네의 소식통 역할을 한다.

털보 삼촌
책에 대해서는 모르는 것 없는 만물박사로 헌책방 주인이다. 여러 곳을 돌아다니면서 희귀한 책들을 구해 온다.

이나리 아가씨
세계적인 패션 디자이너가 되는 것이 꿈이다. 늘 최신 유행하는 옷을 입는 멋쟁이다. 중고 옷들을 멋진 새옷으로 고쳐서 팔기도 한다.